中国工程建设标准化协会标准

公路沥青路面连续拌和式碾压混凝土基层技术规程

Technical Specifications for Continuous Mixing Type Roller Compacted Concrete Base of Highway Asphalt Pavements

T/CECS G:K32-01—2019

主编单位:广东华路交通科技有限公司
批准部门:中国工程建设标准化协会
实施日期:2019 年 11 月 01 日

人民交通出版社股份有限公司

图书在版编目(CIP)数据

公路沥青路面连续拌和式碾压混凝土基层技术规程：T/CECS G:K32-01—2019 / 广东华路交通科技有限公司主编. — 北京：人民交通出版社有限公司，2019.11
ISBN 978-7-114-15940-4

Ⅰ.①公… Ⅱ.①广… Ⅲ.①沥青路面—碾压土坝—混凝土坝—技术规范 Ⅳ.①U416.217-65

中国版本图书馆 CIP 数据核字(2019)第 243089 号

标准类型：	中国工程建设标准化协会标准
标准名称：	公路沥青路面连续拌和式碾压混凝土基层技术规程
标准编号：	T/CECS G:K32-01—2019
主编单位：	广东华路交通科技有限公司
责任编辑：	李　沛
责任校对：	孙国靖　魏佳宁
责任印制：	张　凯
出版发行：	人民交通出版社股份有限公司
地　　址：	(100011)北京市朝阳区安定门外外馆斜街 3 号
网　　址：	http://www.ccpress.com.cn
销售电话：	(010)59757973
总 经 销：	人民交通出版社股份有限公司发行部
经　　销：	各地新华书店
印　　刷：	北京鑫正大印刷有限公司
开　　本：	880×1230　1/16
印　　张：	2
字　　数：	37 千
版　　次：	2019 年 11 月　第 1 版
印　　次：	2019 年 11 月　第 1 次印刷
书　　号：	ISBN 978-7-114-15940-4
定　　价：	30.00 元

(有印刷、装订质量问题的图书,由本公司负责调换)

中国工程建设标准化协会
公告

第 447 号

关于发布《公路沥青路面连续拌和式碾压混凝土基层技术规程》的公告

根据中国工程建设标准化协会《关于印发〈2017年第一批工程建设协会标准制订、修订计划〉的通知》(建标协字〔2017〕014号)的要求,由广东华路交通科技有限公司等单位编制的《公路沥青路面连续拌和式碾压混凝土基层技术规程》,经本协会公路分会组织审查,现批准发布,编号为 T/CECS G：K32-01—2019,自 2019 年 11 月 1 日起施行。

二〇一九年六月二十六日

前　言

根据中国工程建设标准化协会《关于印发〈2017年第一批工程建设协会标准制订、修订计划〉的通知》(建标协字〔2017〕014号)的要求，由广东华路交通科技有限公司承担《公路沥青路面连续拌和式碾压混凝土基层技术规程》(以下简称"本规程")的制定工作。

编写组在全面总结国内外近年来公路沥青路面连续拌和式碾压混凝土基层工程经验和科技成果的基础上，开展了广泛调研，充分吸收了国内外相关标准、规范和规程的先进技术方法和建设经验，并广泛征集了行业内外的意见和建议，完成了本规程的编写工作。

本规程分为7章、1篇附录，主要内容包括：1 总则、2 术语、3 结构组合设计、4 原材料与配合比设计、5 连续式拌和及运输、6 现场铺筑、7 施工质量管理及检查验收，附录A 连续式拌和机计量系统校准方法。

本规程基于通用的工程建设理论及原则编制，适用于本标准提出的应用条件。对于某些特定专项应用条件，使用本规程相关条文时，应对适用性及有效性进行验证。

本规程由中国工程建设标准化协会公路分会负责归口管理，由广东华路交通科技有限公司负责具体技术内容的解释，在执行过程中如有意见或建议，请函告本规程日常管理组，中国工程建设标准化协会公路分会(地址：北京市海淀区西土城路8号；邮编：100088；电话：010-62079839；传真：010-62079983；电子邮箱：shc@rioh.cn)，或许新权(地址：广州市白云区丛云路399号；邮编：510420；传真：020-86330731；电子邮箱：daoluyjs@163.com)，以便修订时研用。

主 编 单 位：广东华路交通科技有限公司
参 编 单 位：保利长大工程有限公司

主　　　　编：吴传海
主要参编人员：王甲辰　许新权　李善强　严　超　范　倩　马健萍
　　　　　　　　方　杨　周　勇　伍　宇　许　海　王子彬　蔡正森

主　　　　审：付　智
参与审查人员：郑南翔　王端宜　路凯冀　刘　宇　李春风　李连生
　　　　　　　　梁军林　彭爱红

目　次

1 总则 ··· 1
2 术语 ··· 2
3 结构组合设计 ·· 3
　3.1 一般规定 ·· 3
　3.2 路面结构组合 ··· 3
　3.3 典型结构 ·· 4
4 原材料与配合比设计 ·· 5
　4.1 一般规定 ·· 5
　4.2 原材料 ··· 5
　4.3 配合比设计 ··· 8
5 连续式拌和及运输 ·· 11
　5.1 一般规定 ·· 11
　5.2 拌和及运输设备 ·· 11
　5.3 混凝土拌和 ··· 12
　5.4 混凝土运输 ··· 12
6 现场铺筑 ·· 13
　6.1 一般规定 ·· 13
　6.2 摊铺 ·· 13
　6.3 压实 ·· 14
　6.4 横向施工接缝处理 ··· 15
　6.5 养生 ·· 15
　6.6 切缝、清缝与灌缝 ··· 15
　6.7 防反射裂缝的措施 ··· 16
7 施工质量管理及检查验收 ··· 18
　7.1 一般规定 ·· 18
　7.2 铺筑试验段 ··· 18
　7.3 施工质量控制项目与质量标准 ·· 19
附录 A 连续式拌和机计量系统校准方法 ···································· 21
　A.1 目的 ·· 21
　A.2 性能及技术要求 ·· 21

A.3 校准器具控制	21
A.4 校准项目和校准方法	22
A.5 校验周期	23
本规程用词用语说明	24

1　总则

1.0.1　为规范公路沥青路面连续拌和式碾压混凝土基层的设计、施工与验收,制定本规程。

1.0.2　本规程适用于新建、改扩建公路工程沥青路面连续拌和式碾压混凝土基层的应用,城镇道路可参照使用。

1.0.3　选用的原材料、施工配合比、机械设备、施工工艺应符合本规程规定。在满足实际工程技术要求的前提下,应优先选用经济合理的当地材料。

1.0.4　应进行详细的施工组织设计,建立完备的施工质量保障体系。质量保障体系应贯穿于施工全过程,明确全员质量责任,加强各工序质量控制与管理,保证工程质量。

1.0.5　公路沥青路面连续拌和式碾压混凝土基层的施工除应符合本规程的规定外,尚应符合国家和行业现行有关标准的规定。

2 术语

2.0.1 连续拌和式碾压混凝土基层　continuous mixing type roller compacted concrete base(CRCB)

采用连续式拌和机拌和及压路机碾压成型的水泥混凝土基层。

3 结构组合设计

3.1 一般规定

3.1.1 沥青路面结构应具有良好的使用性能、耐久性能和结构安全性能,避免在设计年限内产生结构性损坏。

3.1.2 公路沥青路面连续拌和式碾压混凝土基层宜作为路面结构层中的上基层,是路面结构的主要承重层。

3.1.3 路面结构应采取防水、排水及防裂措施。

3.2 路面结构组合

3.2.1 应根据公路等级、交通荷载等级、路基状况、环境特点等因素选用不同的路面结构组合。

3.2.2 路基应稳定、密实和均匀,具有足够的承载能力。路基湿度状态为中湿或潮湿时,宜设置粒料或无机结合料改善层。

3.2.3 连续拌和式碾压混凝土基层沥青路面应采取措施控制碾压混凝土基层的收缩开裂。

3.2.4 连续拌和式碾压混凝土基层厚度应根据公路等级、交通荷载等级及施工条件确定,宜控制在 20~26cm 范围内。

3.2.5 连续拌和式碾压混凝土基层沥青路面应采用无机结合料稳定类材料作为底基层和下基层。

3.2.6 连续拌和式碾压混凝土基层顶面应设置透层,透层宜采用高渗透类材料。

3.2.7 连续拌和式碾压混凝土基层与沥青面层之间应设置封层,封层宜采用热改性沥青碎石封层,也可采用热沥青碎石封层。

3.2.8 连续拌和式碾压混凝土基层沥青路面应采取防反射裂缝措施,宜在切缝处铺设土工布、聚酯玻纤布或玻纤格栅等。

3.2.9 无机结合料类材料层之间可通过洒布水泥浆(水灰比2∶1)的方式增强层间的结合与整体性。

3.3 典型结构

3.3.1 连续拌和式碾压混凝土基层沥青路面应按现行《公路沥青路面设计规范》(JTG D50)进行结构组合设计。

3.3.2 根据交通荷载等级、路基条件等因素,连续拌和式碾压混凝土基层沥青路面结构组合可参照表3.3.2执行。

表3.3.2 推荐的典型路面结构

结构编号	典型路面结构	路基模量	适用交通荷载等级
结构一	10~12cm HMA 20~22cm CRCB 18~20cm CGA	不低于40MPa	中等
结构二	15~18cm HMA 22~24cm CRCB 18~20cm CGA 18~20cm CGA	不低于50MPa	重
结构三	18~20cm HMA 22~24cm CRCB 18~20cm CGA 18~20cm CGA	不低于60MPa	特重
结构四	18~20cm HMA 24~26cm CRCB 18~20cm CGA 18~20cm CGA	不低于60MPa	极重

注:1. HMA为热拌沥青混合料,包括AC、SMA及ATB等;CGA为水泥稳定级配碎石。
　　2. 路基条件较好时,功能层可采用15cm级配碎石。

4 原材料与配合比设计

4.1 一般规定

4.1.1 应选用符合本规程质量标准要求的、性能稳定的原材料,不同的原材料应分别进行配合比设计。

4.1.2 连续拌和式碾压混凝土配合比设计应满足设计弯拉强度、工作性、耐久性的要求。在满足前三项技术要求的前提下,连续拌和式碾压混凝土配合比应经济合理。

4.2 原材料

4.2.1 水泥应符合下列要求:
　　1 应采用普通硅酸盐水泥或复合硅酸盐水泥,水泥的质量标准应符合现行《通用硅酸盐水泥》(GB 175)或《道路基层用缓凝硅酸盐水泥》(GB/T 35162)的规定。
　　2 应采用初凝时间4h以上、终凝时间6h以上且小于10h的水泥。快硬水泥、早强水泥以及已受潮变质的水泥不得使用。
　　3 宜选用散装水泥,水泥出厂温度不宜高于60℃。

4.2.2 连续拌和式碾压混凝土宜掺入一定量的粉煤灰、矿渣粉等矿物掺合料。其技术要求应符合现行《公路水泥混凝土路面施工技术细则》(JTG/T F30)的规定。

4.2.3 粗集料应符合下列要求:
　　1 粗集料应由坚硬、耐久的干净砾石或岩石轧制而成,其颗粒形状应具有棱角,接近立方体,不得掺有软质或其他杂质。
　　2 粗集料公称最大粒径不应超过31.5mm。对所采用的碎石应预先筛分成3个不同粒级,然后配合使用。粗集料的规格和质量应分别符合表4.2.3-1和表4.2.3-2的要求。

表 4.2.3-1 粗集料规格

公称粒径 (mm)	通过下列筛孔(mm)的质量百分率(%)							
	31.5	26.5	19	16	13.2	9.5	4.75	2.36
19~31.5	100	90~100	0~10	—	0~5	—	—	—
9.5~19	—	100	90~100	—	20~40	0~10	0~5	—
4.75~9.5	—	—	—	—	100	90~100	0~10	0~5

表 4.2.3-2 粗集料质量技术要求

项次	项 目	技 术 要 求	试 验 方 法
1	压碎值(%)	≤25.0	JTG E42 T 0316
2	坚固性(%)	≤8.0	JTG E42 T 0314
3	针片状颗粒含量(%)	≤15.0	JTG E42 T 0311
4	含泥量(%)	≤1.0	JTG E42 T 0310
5	泥块含量(%)	≤0.5	JTG E42 T 0310
6	吸水率(%)	≤2.0	JTG E42 T 0308
7	硫化物及盐酸盐含量(%)	≤1.0	JTG E42 T 0341
8	有机物含量(比色法)	合格	JTG E42 T 0313
9	表观密度(kg/m³)	≥2 500	JTG E42 T 0304
10	空隙率(%)	≤47	JTG E42 T 0309
11	碱活性反应	不得有碱活性反应或疑似碱活性反应	JTG E42 T 0325

4.2.4 细集料应符合下列要求：

1 石屑应坚硬、清洁、无风化、无杂质。石屑的级配范围和质量应分别符合表 4.2.4-1 和表 4.2.4-2 的规定。

表 4.2.4-1 石屑级配范围

公称粒径 (mm)	通过下列筛孔(mm)的质量百分率(%)							
	9.5	4.75	2.36	1.18	0.6	0.3	0.15	0.075
0~4.75	100	90~100	60~90	—	20~55	—	—	0~15

表 4.2.4-2 石屑质量技术要求

项次	项 目	技 术 要 求	试 验 方 法
1	砂当量(%)	≥60	JTG E42 T 0334
2	泥块含量(%)	≤0.5	JTG E42 T 0335
3	含泥量(%)	≤15	JTG E42 T 0333
4	表观密度(kg/m³)	≥2 500	JTG E42 T 0328

2 机制砂宜采用碎石作为原料，并用专用设备生产。机制砂的级配范围和质量应分别符合表 4.2.4-3 和表 4.2.4-4 的规定。

表 4.2.4-3　机制砂级配范围

机制砂分级	通过下列筛孔(mm)的质量百分率(%)						
	9.5	4.75	2.36	1.18	0.6	0.3	0.15
Ⅰ级砂	100	90~100	80~95	50~85	30~60	10~20	0~10
Ⅱ、Ⅲ级砂	100	90~100	50~95	30~65	15~29	5~20	0~10

表 4.2.4-4　机制砂质量技术要求

项次	项目	技术要求	试验方法
1	机制砂母岩的抗压强度(MPa)	≥60	JTG E41　T 0221
2	泥块含量(%)	≤0.5	JTG E42　T 0335
3	石粉含量(%)	≤15	JTG E42　T 0333
4	表观密度(kg/m³)	≥2 500	JTG E42　T 0328

3　河砂应使用清洁、颗粒坚硬、强度大、耐久性好的天然河砂,不含团块、软质或片状颗粒及其他有害杂质。级配和质量应分别符合表 4.2.4-5 和表 4.2.4-6 的规定。河砂宜为中砂,也可使用细度模数在 2.0~3.5 之间的砂。

表 4.2.4-5　河砂级配范围

砂分级	通过下列筛孔(mm)的质量百分率(%)						
	4.75	2.36	1.18	0.6	0.3	0.15	0.075
粗砂	90~100	65~95	35~65	15~30	5~20	0~10	0~5
中砂	90~100	75~100	50~90	30~60	8~30	0~10	0~5
细砂	90~100	85~100	75~100	60~84	15~45	0~10	0~5

表 4.2.4-6　河砂质量技术要求

项次	项目	技术要求	试验方法
1	细度模数	2.0~3.5	JTG E42　T 0327
2	含泥量(%)	≤3	JTG E42　T 0333
3	泥块含量(%)	≤0.5	JTG E42　T 0335
4	表观密度(kg/m³)	≥2 500	JTG E42　T 0328
5	硫化物及硫酸盐含量(%)	≤0.5	JTG E42　T 0341

4.2.5　连续拌和式碾压混凝土拌和用水应符合现行《生活饮用水卫生标准》(GB 5749)的规定。

4.2.6　防反射裂缝材料应符合下列要求:

1　沥青路面裂缝防治的土工材料可采用长丝纺粘针刺非织造土工布、聚酯玻纤布、玻纤格栅等。

2　长丝纺粘针刺非织造土工布、聚酯玻纤布、玻纤格栅应分别符合表 4.2.6-1、

表4.2.6-2、表4.2.6-3的要求,其试验方法应按现行《公路工程土工合成材料试验规程》(JTG E50)的规定进行。

表4.2.6-1 长丝纺粘针刺非织造土工布技术要求

项次	技术指标	技术要求	试验方法
1	单位面积质量(g/m^2)	≤200	JTG E50 T 1111
2	抗拉强度(kN/m)	≥7.5	JTG E50 T 1121
3	纵、横向撕破强度(kN/m)	≥0.21	JTG E50 T 1125
4	CBR顶刺破强度(kN)	≥1.4	JTG E50 T 1126

表4.2.6-2 聚酯玻纤布技术要求

项次	技术指标	技术要求	试验方法
1	单位面积质量(g/m^2)	125~200	JTG E50 T 1111
2	抗拉强度(kN/m)	≥8.0	JTG E50 T 1121
3	极限抗拉强度纵、横比	1.00~1.20	JTG E50 T 1121
4	极限延伸率(纵、横向)(%)	≤5	JTG E50 T 1121
5	CBR顶刺破强度(kN)	≥0.55	JTG E50 T 1126

表4.2.6-3 玻纤格栅技术要求

项次	技术指标	技术要求	试验方法
1	抗拉强度(kN/m)	≥50	JTG E50 T 1121
2	最大负荷延伸率(%)	≤4	JTG E50 T 1121
3	网孔形状与尺寸	矩形,孔径宜为其上铺筑的沥青面层材料最大粒径的0.5~1.0倍	JTG E50 T 1114
4	热老化后断裂强度	经170℃、1h热处理后,其经向和纬向拉伸断裂强度应不小于原强度的90%	JTG E50 T 1121

条文说明

2 长丝纺粘针刺非织造土工布、聚酯玻纤布技术指标是根据多个工程实际使用的经验值总结而得。玻纤格栅技术指标来源于《玻璃纤维土工格栅》(GB/T 21825—2008)。

4.3 配合比设计

4.3.1 连续拌和式碾压混凝土配合比设计应按现行《公路水泥混凝土路面施工技术细则》(JTG/T F30)进行,宜采用绝对体积法,也可采用正交试验确定连续拌和式碾压混凝土的级配、水泥用量和用水量。

4.3.2 连续拌和式碾压混凝土以28d弯拉强度作为试验配合比设计指标,28d弯拉强度不小于3.0MPa。

条文说明

碾压混凝土基层作为沥青路面的承重层,主要受交通荷载反复的冲击及温度变化引起的挠曲作用,即主要受弯拉应力,因此以弯拉强度作为设计指标。经碾压混凝土结构层受力验算,结合多条高速公路的成功应用经验,证明碾压混凝土弯拉强度不小于3.0MPa即可满足重载交通条件的路面使用需要。

由于成型碾压混凝土弯拉强度试验标准试件费时费力,因此,可考虑施工过程中质检及交工验收时采用圆柱体劈裂强度。采用劈裂强度一是其破坏受力形式与混凝土抗弯拉受力有相通性,二是施工过程及交工验收时路面取样通常是通过钻芯取得圆柱体试件,更利于劈裂强度等试验。但目前尚未建立可信度满足要求的碾压混凝土弯拉强度与劈裂强度的换算关系,因此需要在工程应用中积累相关数据,时机成熟后,建立统一的、可信度高的、适用于各种材质碎石的碾压混凝土弯拉强度与劈裂强度的换算关系。

4.3.3 连续拌和式碾压混凝土配制弯拉强度应按式(4.3.3-1)确定。

$$f_{cc} = \frac{f_r + f_{cy}}{1 - 1.04 c_v} + ts \qquad (4.3.3\text{-}1)$$

式中:f_{cc}——连续拌和式碾压混凝土配制28d弯拉强度均值(MPa);

f_r——连续拌和式碾压混凝土的设计弯拉强度标准值(MPa);

c_v——劈裂强度变异系数,参照各级公路混凝土路面弯拉强度变异系数,考虑CRCB用作沥青路面刚性基层,取0.15;

s——弯拉强度试验样本的标准差(MPa),根据经验取0.25MPa;

t——保证率系数,取0.28;

f_{cy}——连续拌和式碾压混凝土压实安全弯拉强度(MPa),按式(4.3.3-2)计算。

$$f_{cy} = \frac{\alpha}{2}(y_{c1} + y_{c2}) \qquad (4.3.3\text{-}2)$$

式中:y_{c1}——弯拉强度试验标准压实度(97%);

y_{c2}——路面芯样压实度下限值(95%);

α——相应于压实度变化1%的弯拉强度波动值(MPa)(通过试验得出),根据经验取0.25MPa。

条文说明

连续拌和式碾压混凝土配制弯拉强度公式中保证率系数t参照《公路水泥混凝土路面施工技术细则》(JTG/T F30—2014)中二级公路水泥混凝土路面弯拉强度目标可靠度85%的保证率系数,样本数为15~19个。

4.3.4 连续拌和式碾压混凝土弯拉强度、无侧限抗压强度试件宜按压实度97%成型,误差应在1%以内,试件成型应分别按现行《公路工程水泥及水泥混凝土试验规程》

(JTG E30)中 T 0552 和《公路工程无机结合料稳定材料试验规程》(JTG E51)中 T 0843 的规定执行。

条文说明

目前,连续拌和式碾压混凝土实际施工过程中机械配置吨位普遍较大,现场压实度易达到97%。

4.3.5 连续拌和式碾压混凝土的配合比确定后,测试7d无侧限抗压强度,其强度不应小于10MPa,并可作为施工过程的质量控制指标。

4.3.6 连续拌和式碾压混凝土工作性以改进VC值评定,其值宜控制在30s±5s,出搅拌机口改进VC值宜取下限,碾压时的改进VC值不应超过上限。

4.3.7 连续拌和式碾压混凝土基层的水泥用量宜为220~260kg/m³,最小水泥用量不应小于200kg/m³。

4.3.8 连续拌和式碾压混凝土基层的水灰比宜为0.45~0.55,石屑掺量大时取高值。

条文说明

目前常用且应用较成功的连续拌和式碾压混凝土配合比中用水量一般在100~140kg/m³。

4.3.9 连续拌和式碾压混凝土的矿料级配组成应符合表4.3.9的规定,设计的矿料级配曲线宜光滑、连续。

表4.3.9 连续拌和式碾压混凝土矿料级配组成范围

筛孔尺寸(mm)		31.5	26.5	19	9.5	4.75	2.36	0.6	0.075
通过质量百分率(%)	上限	100	95	86	58	35	28	15	5
	下限	100	85	68	38	25	16	8	0
	中值	100	90	77	48	30	22	11.5	2.5

4.3.10 配合比设计应采用工程实际使用的材料,确定各档集料的用量比例,其中河砂的比例宜为15%~30%。

5 连续式拌和及运输

5.1 一般规定

5.1.1 连续式拌和机投入生产前,应进行标定和试拌。在标定有效期满或拌和机搬迁后,均应重新标定。施工中应按本规程附录 A 校验拌和机的计量精度。

5.1.2 连续式拌和应主要控制成品碾压混凝土的级配、含水率及水泥用量等指标。

5.1.3 连续拌和式碾压混凝土自拌和加水到完成压实的时间应满足表 5.1.3 的规定。

表 5.1.3 允许的最长作业时间要求

施工气温(℃)	允许的最长作业时间(min)
5~10	120
10~20	100
20~35	90

注:掺加粉煤灰时可整体延长 30min。

5.2 拌和及运输设备

5.2.1 连续拌和式碾压混凝土基层拌和设备应符合下列要求:
1 应根据工程规模、项目特点、施工进度要求配置拌和机的类型和数量。
2 连续式拌和机宜采用两个长度大于 3m 的拌缸串联拌和,也可采用振动拌缸。
3 宽度 8~12m 的基层施工宜配备额定产量不小于 500t/h 的连续式拌和机,宽度 12~16m 的宜配备额定产量不小于 800t/h 的连续式拌和机。
4 拌和机的产量应满足正常连续摊铺要求,应不小于其额定产量的 70%。

5.2.2 连续式拌和机应配备带传感器的电子秤,配料允许质量偏差应满足表 5.2.2 的要求。

表 5.2.2 配料允许质量偏差

材料名称	水泥	掺合料	细集料	粗集料	水
允许质量偏差(%)	±1	±1	±1	±3	±1

5.2.3 运输设备的运输能力应大于连续式拌和机的实际产量,宜采用较大吨位的自卸汽车运输。车厢应清洁,不得有积水。

5.3 混凝土拌和

5.3.1 施工单位应编制拌和生产作业指导书,明确混凝土拌和物质量标准和安全拌和生产程序。拌和机机械上料时,在铲车及拉铲活动范围内,人员不得逗留和通过。

5.3.2 拌和实际采用的水泥用量宜比室内试验确定的剂量增加 0.3~0.5 个百分点;拌和的含水率应比最佳含水率大 0.5~1.0 个百分点。

条文说明

施工过程中混合料中的水分会损失,因此拌和的含水率应适当增大 0.5~1.0 个百分点,保证混合料在最佳含水率条件下进行碾压。

5.3.3 连续式拌和机每班收工后,应对凝结在搅拌缸叶片及缸壁上的水泥浆进行清理。

5.4 混凝土运输

5.4.1 从拌和机向运料车上放料时,应分多次挪动汽车位置,以减少粗、细集料的离析现象。

5.4.2 运料车上的混合料应全车厢覆盖,并将混合料尽快运送到铺筑现场。卸料时,应注意卸料速度、数量与摊铺的厚度、宽度相适应。

5.4.3 开始摊铺时,在施工现场等候卸料的运料车宜不少于 5 辆,施工过程中摊铺机前方宜有运料车等候卸料。

6 现场铺筑

6.1 一般规定

6.1.1 连续拌和式碾压混凝土基层应在适宜的气候条件下施工,施工期的日最低气温应在5℃以上。在有冰冻的地区,应在第一次重冰冻(-3～-5℃)到来的15d之前完成施工。不应在雨天施工。

6.1.2 连续拌和式碾压混凝土的摊铺宜采用沥青混凝土摊铺机,也可采用稳定土摊铺机,每台摊铺机的功率应达到130kW以上。当采用两台摊铺机并排摊铺时,两台摊铺机的摊铺能力和型号宜相同。

6.1.3 双车道路面基层施工应至少配备1台12～14t的双钢轮振动压路机,2台大于20t的单钢轮振动压路机。多车道路面基层施工应按相应的车道数与双车道的比例增加压路机的数量。

6.1.4 连续拌和式碾压混凝土在摊铺过程中宜在边缘设置钢槽或方木模板,模板固定应牢固,碾压时不得推移。

6.2 摊铺

6.2.1 应将下承层表面的浮浆、杂物等清理干净,下承层施工质量检测合格后,开始碾压混凝土基层的摊铺。

6.2.2 连续拌和式碾压混凝土的松铺系数应根据混凝土的材料组成及摊铺机的性能通过试验段确定,松铺系数宜为1.15～1.25。

6.2.3 两台摊铺机前后错开5～10m梯队作业时,应保证两台摊铺机有30～40cm的搭接。

6.2.4 摊铺速度宜控制在1～2m/min,并保持匀速、连续摊铺作业。摊铺过程中不得随意变换速度或停顿,螺旋布料器的转速与摊铺速度相适应,应保证边缘供料充足。

6.2.5 摊铺机连续摊铺时,运料车应在摊铺机前 10~30cm 处停住,不得撞击摊铺机。卸料过程中运料车应挂空挡,靠摊铺机推动前进。

6.2.6 应减少摊铺机的收斗次数,宜在运料车离去、料斗内尚存较多混合料时进行。收斗后应立即连接满载的运料车向摊铺机内喂料。

6.2.7 摊铺机后应有专人处理粗、细集料离析现象,及时铲除"粗集料窝"的区域,并补充新的混合料。

6.3 压实

6.3.1 连续拌和式碾压混凝土摊铺后应及时而连续地进行压实,直到在全宽、全厚范围内达到规定压实度。

6.3.2 应安排专人负责指挥碾压,严禁漏压。碾压成型后的表面应平整、无轮迹。

6.3.3 碾压段长度宜为 20~40m。直线段碾压时,压路机应从外侧向路中心碾压;平曲线有超高的路段,应由低侧向高侧、自内向外碾压,压完全宽为一遍;碾压作业应匀速、稳定,并按初压、复压和终压三个阶段进行。

6.3.4 初压宜采用双钢轮压路机静压,静压重叠量宜为 1/3~1/4 钢轮宽度,初压遍数宜为 1~2 遍,碾压速度宜为 1~2km/h。

6.3.5 复压应采用单钢轮振动压路机振动碾压,重叠量宜为 1/3~1/4 振动碾宽度。振动压路机起步、倒车和转向均应缓慢柔顺,严禁振动压路机中途急停、急拐、紧急起步及快速倒车。复压遍数按检测达到规定压实度进行控制,宜为 4~6 遍,碾压速度宜为 2~3km/h。

6.3.6 终压应采用双钢轮压路机静压,终压遍数应以弥合表面微裂纹和消除轮迹为停压标准,宜为 1~2 遍,碾压速度宜为 2~3km/h。

6.3.7 初压、复压和终压作业应密切衔接,中间不应停顿、等候和拖延,也不得相互干扰。宜尽量缩短全部碾压作业完成时间,如有局部晒干或风干迹象,应及时喷雾,压实后表面应及时覆盖,并洒水养生。

6.3.8 在碾压过程中出现弹簧现象时,应及时将该路段混合料挖出,重新换新料碾压。严禁用薄层贴补法找平。

6.4 横向施工接缝处理

6.4.1 用摊铺机摊铺混合料时,不宜中断。中断时间超过 2h,应设置横向施工接缝,横向施工接缝宜采用垂直接缝的形式。

6.4.2 需要设置横向施工接缝的路段,在碾压完成后应将摊铺端头未经压实的混合料铲除,将已碾压密实且高程和平整度符合要求的末端挖成与路中心线垂直并向下的断面。

6.5 养生

6.5.1 碾压完成后应立即开始养生,养生期应不少于 7d。养生应采用保湿养生膜、土工毡或土工布+塑料薄膜的方式进行。应重视前 3d 的养生效果,宜每天定时向薄膜内补灌水分。

6.5.2 养生过程中,连续拌和式碾压混凝土基层应保持潮湿状态。薄膜应具有适宜的厚度和宽度,两幅间应相互搭接 30cm 以上。覆盖薄膜后应以标准砂袋或混凝土方块等重物压边,不得采用基层废料、土颗粒等污染性材料压边。

6.5.3 养生期间,应严格管制交通,严禁除洒水车以外的其他车辆通行。

6.6 切缝、清缝与灌缝

6.6.1 连续拌和式碾压混凝土施工完毕后,在不产生崩边的情况下应尽早进行横向切缝。

6.6.2 切缝时间应由施工期间该地区的平均气温及昼夜温差确定,宜参照表 6.6.2 选用。当气候变化引起基层温度骤降,温差在表中规定范围内时,应在不产生崩边的情况下提早切缝。

表 6.6.2 推荐的切缝时间

昼夜温差(℃)	平均气温(℃)	切缝时间(h)
<5	5~15	48~72
	15~25	36~60
	25~35	24~48
	>35	24~36
5~10	5~15	48~60
	15~25	36~60

续上表

昼夜温差(℃)	平均气温(℃)	切缝时间(h)
5～10	25～35	24～48
	>35	24～36
>10	5～15	48～60
	15～25	36～60
	25～35	24～48
	>35	12～36

6.6.3 切缝应采用硬切缝的方式,横向切缝间距宜为8～12m,切缝深度不宜小于1/4板厚,最浅不宜小于60mm,切缝宽度宜为3～5mm。

6.6.4 灌缝前应进行清缝,清缝可采用2mm直径的细铁丝配合森林灭火器进行。

6.6.5 待缝干净、干燥后,采用A级70号或SBS改性热沥青对切缝和施工缝进行灌缝处理,灌缝应饱满、均匀、厚度一致并连续贯通。

6.7 防反射裂缝的措施

6.7.1 防反射裂缝措施布设前的准备工作应包括下列内容:
1 施工前应将基层上的尘土、松散颗粒及杂物等清扫干净。
2 铺设的防反射裂缝材料以接缝为中心,两侧布设宽度不宜小于50cm,定好基准线,应按布设的宽度用粉笔画线作为施工控制的边缘线,以防止偏位。
3 在路面画线范围内人工或机械洒布改性乳化沥青,喷洒乳化沥青的横向范围应比防反射裂缝材料宽5～10cm。
4 当防反射裂缝材料长度不够而需要拼接在一起时,重叠搭接的长度应不小于15cm。

6.7.2 长丝纺粘针刺非织造土工布防反射裂缝措施铺设工艺应包括下列内容:
1 应均匀平铺规定宽度的土工布,土工布应平顺无褶皱,且四角及两侧中间部位应用钢钉进行固定。
2 宜使用人工辊压装置或6～8t轻型压路机对已铺设的土工布进行轻压,使乳化沥青浸透至土工布中。

6.7.3 聚酯玻纤布防反射裂缝措施铺设工艺应包括下列内容:
1 铺设聚酯玻纤布时,应先将其展开并拉紧。

2 应均匀平铺规定宽度的聚酯玻纤布,聚酯玻纤布应平顺无褶皱,且四角及两侧中间部位应用钢钉进行固定。

3 可在聚酯玻纤布上撒布一层细石屑对聚酯玻纤布形成保护。

6.7.4 玻纤格栅防反射裂缝措施铺设工艺应包括下列内容:

1 铺设玻纤格栅时,应先将其拉紧并用钢钉垫铁皮固定两端,钢钉横向间距宜为50cm,然后再做横向固定,钢钉纵向间距宜为2~3m。

2 钢钉可用锤击或射钉枪射入,固定时钢钉不得钉于玻纤格栅上,也不得用锤子直接敲击玻纤格栅。固定后如发现钢钉断裂或铁皮松动,应重新固定。

7 施工质量管理及检查验收

7.1 一般规定

7.1.1 施工质量的控制、管理与检查应贯穿整个施工过程;应对每个施工环节严格控制把关;对出现的问题应立即进行纠正直至停工整顿。

7.1.2 连续拌和式碾压混凝土基层的施工应建立健全质量检测、管理和保证体系。应按铺筑进度做出质检仪器和人员数量动态计划。施工中应按计划落实质检仪器和人员,对施工各阶段的各项质量指标应做到及时检查、控制和评定,以达到所规定的质量标准,确保施工质量及其稳定性。

7.1.3 宜采用信息化手段对施工全过程的质量进行动态检测、控制和管理,包括施工准备、铺筑试验路段和施工过程中的各项技术指标的检验。

7.2 铺筑试验段

7.2.1 连续拌和式碾压混凝土正式摊铺前,必须铺筑试验段,试验段长度宜大于200m。

7.2.2 铺筑试验段包含试拌及试铺两个阶段,应按下列规定执行:
  1 试拌检验拌和站的性能及确定合理搅拌工艺,检验新拌碾压混凝土的含水率、改进VC值等。
  2 试铺检验主要机械的性能和生产能力,检验辅助施工机械组配合理性,检验摊铺、碾压工艺包括松铺厚度、摊铺速度、碾压遍数、压实度等。
  3 按施工工艺要求检验施工组织形式和人员编制,建立混凝土原材料、拌和物、路面铺筑全套技术性能检验手段,熟悉检验方法。

7.2.3 试验段铺筑过程中,施工人员应认真做好记录。试验段铺筑后,施工单位应提交试验段总结报告,上报监理和业主批复,取得正式开工认可。

7.3 施工质量控制项目与质量标准

7.3.1 连续拌和式碾压混凝土施工过程中应检验拌和均匀性、改进 VC 值、含水率、水泥用量、矿料级配组成、压实度等,试验检测项目、频率和检验结果应满足表 7.3.1 的规定。

表 7.3.1 施工质量控制检测项目、频率和质量标准

项次	项目	检测频率	质量标准	试验方法
1	集料压碎值	观察,异常时随时检测	符合技术要求	JTG E42 T 0316
2	拌和均匀性	随时观察	无灰条、灰团,无离析	目测
3	机口改进 VC 值	每 2 000m² 1 次	20～30s	JTG E30 T 0524
4	矿料级配	每 2 000m² 1 次	符合技术要求	JTG E42 T 0302
5	水泥用量	每 2 000m² 1 次,至少 6 个样品;用滴定法试验,并与实际水泥用量校核	不小于设计值	JTG E51 T 0809
6	含水率	每 2 000m² 1 次,至少 2 个样品	设计值 ±1.0%	JTG E51 T 0803
7	压实度	每 500m 每车道 1 处,灌砂法	≥97%	JTG E60 T 0921
8	7d 抗压强度	每班留 1～3 组试件,日进度＜500m 取 1 组;日进度≥500m 取 2 组;日进度≥1 000m 取 3 组 按 JTG F80/1—2017 附录 G 检测	判定合格	JTG E51 T 0805

注:1. 连续拌和式碾压混凝土 7d 龄期钻取的芯样应完整、密实,不应出现蜂窝、麻面、松散的情况。
   2. 压实度指现场实测湿密度与理论湿密度的比值,以百分率表示。
   3. 7d 抗压强度主要用于施工期间的质量控制。

7.3.2 施工过程中还应对连续拌和式碾压混凝土铺筑和碾压后的外观进行鉴定,并应满足下列要求:
 1 表面应平整密实、无坑洼、无明显轮迹。
 2 表面不得有软弹或松散脱皮现象。
 3 施工接缝应平整、密实。

7.3.3 连续拌和式碾压混凝土基层验收标准应符合表 7.3.3 的要求。

表 7.3.3 连续拌和式碾压混凝土基层验收标准

项次	检查项目		检测频率	质量标准	检查方法
1	弯拉强度(MPa)		每次配合比试验	判定合格	按 JTG F80/1—2017 附录 C 检查
2	压实度(%)	代表值	每 200m 每车道 1 处	≥97	灌砂法
		极限值		≥95	
3	厚度(mm)	代表值	每 200m 每车道 1 点	≥8	尺量
		极限值		≥15	

续上表

项次	检查项目	检测频率	质量标准	检查方法
4	平整度(mm) 3m直尺最大间隙(合格率≥80%)	每200m 2处，每处连续10尺	≤8	3米直尺
5	纵断高程(mm)	每200m 4个断面	5~10	水准仪
6	宽度(mm)	每200m 4处	不小于设计值	尺量
7	横坡(%)	每200m 4个断面	±0.3	水准仪
8	切缝深度(mm)	每200m 接缝4处	≥60	尺量
9	灌缝饱满度(mm)	每200m 接缝4处	≤2	尺量

7.3.4 当局部路段连续拌和式碾压混凝土基层标准小梁弯拉强度不足时，应每公里车道钻取3个以上芯样，实测劈裂强度，重新换算弯拉强度。钻芯统计弯拉强度满足要求者，通过弯拉强度评定；标准小梁与钻芯均不满足要求者，应返工重铺强度不符合要求的路段。

7.3.5 高速、一级公路连续拌和式碾压混凝土钻芯劈裂强度与标准小梁弯拉强度的换算应根据工程的统计公式确定换算关系。没有统计公式的可按《公路水泥混凝土路面施工技术细则》(JTG/T F30—2014)中第13.2.7条对二级及二级以下公路混凝土面板钻芯劈裂强度与标准小梁弯拉强度的换算关系进行换算。

附录A 连续式拌和机计量系统校准方法

A.1 目的

A.1.1 为保证混合料的拌和质量,在连续式拌和机性能良好的前提下,必须定期对拌和机的计量系统进行校验,确保配料误差在允许范围内,校准项目包括集料、水泥用量、掺合料等连续累积质量计量装置。

A.2 性能及技术要求

A.2.1 组成材料配制计量装置应设隔振装置,在载荷传感器的受力方向无卡阻,仓口开度可调节及设定,计量装置上配料运行皮带应无偏位、无破损及卡滞等。

A.2.2 组成材料配制的各计量装置示值静态相对误差和最大允许预设值动态误差分别见表A.2.2-1和表A.2.2-2。

表A.2.2-1 组成材料配制计量装置示值静态相对误差(%)

组成材料配制计量装置	连续式拌和机
集料计量装置	1
水泥计量装置	0.5
掺合料计量装置	1

表A.2.2-2 组成材料配制计量装置最大允许预设值动态误差(%)

组成材料配制计量装置	连续式拌和机
集料计量装置	2
水泥计量装置	1
掺合料计量装置	2

A.3 校准器具控制

A.3.1 天气条件应为无雨,风速不大于3.0m/s。

A.3.2 校准用设备应符合下列要求:

1 标准砝码:20kg 或 25kg 砝码若干只,标准砝码的准确度等级应不低于 M_2 级。
2 称重仪或相应等级的衡器:测量范围不小于1t,准确度优于0.5%。
3 校准用材料:水泥、集料、粉料、掺合料、水等实际配合的物料。

A.4 校准项目和校准方法

A.4.1 校准项目:外观检查、组成材料配制计量装置示值静态相对误差、组成材料配制计量装置最大允许预设值动态误差。

A.4.2 外观检查:观察、检查各组成材料配制计量装置的隔振装置和皮带装置及仓口开度设定装置等。

A.4.3 组成材料配制计量装置的示值静态相对误差应符合下列要求:
1 校验测量点的选定:在被检计量装置的量程范围内选择不少于5个测量点,测量点应包括最大称量值、最小称量值和其他常用或关键的称量区间,测量点宜在量程范围内均匀分布。
2 质量校验:采用标准砝码分别对各个计量装置进行校验,从零点开始逐级施加与测量点相应质量的砝码,砝码加载过程中应平稳、轻放,当累积质量达到测量点时应停止加载不少于3min,待显示质量值稳定后进行记录。砝码加载至最大测量点后再按逆顺序逐级卸下砝码至零点。砝码加载过程中分别记录各计量装置的测量点的质量显示值。以上过程重复测量3次。各测量点的示值静态相对误差按式(A.4.3-1)计算。所有误差应在本章第 A.2 节表 A.2.2-1 规定的示值静态相对误差之内。

$$\delta_{i\text{静}} = \frac{\overline{G}_i - M_i}{M_i} \times 100\% \quad (\text{A.4.3-1})$$

式中:$\delta_{i\text{静}}$——第 i 测量点的示值静态相对误差;
$\overline{G}_i$——组成材料配制计量装置的第 i 测量点的平均示值;
M_i——第 i 测量点标准砝码的质量。

A.4.4 组成材料配制计量装置的最大允许预设值动态误差应符合下列要求:
1 按连续式拌和机正常运转的质量与转速进行参数设置,按配料正常的操作要求分别逐一启动各计量装置单元,使被检计量单元按配料模式运行,同时单位时间内的所有配料完整地收集后,用称重仪或相应等级的衡器来称取收集到的物料的实际质量。以上装料重复操作3次。各个材料计量装置的最大允许预设值动态误差按式(A.4.4-1)计算。

$$\delta_{j\text{动}} = \frac{G_j - \overline{G}'_j}{\overline{G}'_j} \times 100\% \quad (\text{A.4.4-1})$$

式中:$\delta_{j\text{动}}$——第 j 个计量装置的最大允许预设值动态误差;
G_j——第 j 个计量装置的预设配料质量;

$\overline{G'_j}$——第 j 个计量装置的实际配料质量的平均值。

2 动态误差应在本章第 A.2 节表 A.2.2-2 规定的最大允许预设值动态误差之内，否则应在连续式拌和机系统软件中重新输入修正值，并再次按本章第 A.4 节的动态试验操作进行质量验证，直至符合要求为止。

A.5 校验周期

A.5.1 连续式拌和机计量系统正常生产情况下应每 3 个月校验一次。当出现下列情况时也应进行重新校验：

1 停产 1 个月及以上重新生产前。
2 组成材料种类改变或规格不同时。
3 发生异常情况时。
4 拌和机搬迁重新安装后。

本规程用词用语说明

1 本规程执行严格程度的用词，采用下列写法：

1）表示很严格，非这样做不可的用词，正面词采用"必须"，反面词采用"严禁"；

2）表示严格，在正常情况下均应这样做的用词，正面词采用"应"，反面词采用"不应"或"不得"；

3）表示允许稍有选择，在条件许可时首先应这样做的用词，正面词采用"宜"，反面词采用"不宜"；

4）表示有选择，在一定条件下可以这样做的用词，采用"可"。

2 引用标准的用语采用下列写法：

1）在标准总则中表述与相关标准的关系时，采用"除应符合本规程的规定外，尚应符合国家和行业现行有关标准的规定"；

2）在标准条文及其他规定中，当引用的标准为国家标准或行业标准时，表述为"应符合《××××××》(×××)的有关规定"；

3）当引用本标准中的其他规定时，表述为"应符合本规程第×章的有关规定""应符合本规程第×.×节的有关规定""应符合本规程第×.×.×条的有关规定"或"应按本规程第×.×.×条的有关规定执行"。